Exams! Exams!

As I got nearer to the school gates my heart began to pound. I was almost blinded by my own tears, but I forced myself to look at the list...

Thomas Nelson and Sons Ltd
Nelson House
Mayfield Road
Walton-on-Thames
Surrey KT12 5PL UK

51 York Place
Edinburgh EH1 3JD UK

Thomas Nelson (Hong Kong) Ltd
Toppan Building 10/F
22A Westlands Road
Quarry Bay
Hong Kong

Distributed in Australia by

Thomas Nelson Australia
480 La Trobe Street
Melbourne
Victoria 3000
and in Sydney, Brisbane, Adelaide and Perth

First published by Thomas Nelson and Sons Ltd 1987

Urdu translation by Qamar Zamani

Urdu translation checked by Farmanullah Khan Kashif

ISBN 0 17 410109 0

NCN 12 IRE 1066 01

Printed in Hong Kong

TELL ME A TALE

Exams! Exams!

امتحان! امتحان!

Nelson

I was twelve years old at the time, and we were living in Nairobi, Kenya.

At the age of twelve all children in Kenya had to take an exam called the Kenya Preliminary Examination. It was equivalent to the eleven-plus exam that used to exist in Britain.

میں اس وقت بارہ برس کی تھی اور ہم لوگ نیروبی،
کینیا میں رہتے تھے۔

بارہ برس کی عمر میں کینیا کے ہر بچے کو ایک امتحان
دینا ہوتا تھا جس کا نام "کینیا پرلمنری ایکزیم" ہے۔
وہ برطانیہ کے الیون پلَس امتحان کی برابر تھا۔

This exam was a milestone in our lives. Success meant a good grammar school education, and failure offered no more than a two-year course in commercial studies.

یہ امتحان ہماری زندگی میں ایک سنگِ میل کی حیثیت رکھتا تھا۔ کامیابی کا مطلب تھا گرامر اسکول کی عمدہ تعلیم اور ناکامی کے بدلے میں صرف دو سال کا کمرشل کورس ہی کرنے کا موقع ملتا تھا۔

My parents were really keen for me to pass this exam.

میرے والدین کی شدید خواہش تھی کہ میں یہ امتحان پاس کر لوں ۔

Television did not exist in those days in our part of the world. I was a very keen radio listener, but I was not allowed to listen to my favourite programmes until I had put in a good day's work towards my education.

دنیا کے جس حصے میں ہم رہتے تھے وہاں ابھی تک
ٹیلیویژن کا وجود نہیں تھا۔ میں ریڈیو سننے کی بے حد
شوقین تھی لیکن جب تک میں تمام دن اچھی طرح دل لگا
کر پڑھ نہیں لیتی تھی مجھے اپنے پسندیدہ پروگرام سننے کی
اجازت نہیں ملتی تھی۔

It seemed like an endless year. Teachers constantly nagged. Parents pushed all the time for extra work from school. Relatives were always making comments such as "Better not waste time", "Time is precious, you know", "You should be working hard", "I hope you are trying", and so on.

After a while it really got on my nerves; all I seemed to be doing was working and working for this exam.

لگتا تھا یہ سال کبھی ختم ہی نہیں ہوگا ۔ استانیاں ہر وقت ہمارے پیچھے پڑی رہتیں ۔ والدین ہر لمحہ اس بات پر زور دیتے کہ اسکول سے اور زیادہ کام ملے ۔ رشتہ دار تمام دن جملے کستے رہتے ۔ مثلاً "دیکھو وقت برباد مت کرنا"۔ "وقت بے حد قیمتی چیز ہے ۔ تمہیں تو معلوم ہی ہے"۔ "تمہیں خوب محنت سے پڑھنا چاہیئے"۔ "مجھے امید ہے تم پوری کوشش کر رہی ہو"۔ وغیرہ وغیرہ ۔

کچھ عرصے بعد میں واقعی تنگ آگئی ۔ بس یہ معلوم ہوتا تھا کہ امتحان کے لئے دن رات محنت کرنے کے علاوہ اور کوئی کام نہیں ہے ۔

Finally, I sat for the exam, together with about a dozen other hopeful candidates from down our road.
It lasted for five gruelling days.

آخر کار امتحان کا دن آپہونچا اور میرے ساتھ تقریباً ایک درجن امیدوار لڑکیاں ہمارے
محلے سے اس امتحان کے لئے بیٹھیں ۔ امتحان پانچ تھکا دینے والے دنوں تک جاری رہا۔

During this time the parents were busy working out various magic charms to bring luck to their children. For instance, every day before I left the house I had to eat a teaspoon of natural yoghurt.

Then someone told my mum that if I spotted a dog as I stepped out of the house on my way to the school, it would bring luck to me in my exams.

اس دوران سب کے والدین اس کوشش میں مصروف تھے کہ کوئی ایسا تعویذ گنڈا مل جائے جو ان کے بچوں کے لئے خوش قسمتی کی علامت بن جائے۔ مثلاً ہر صبح گھر سے نکلنے سے پہلے مجھے ایک چمچہ سادہ دہی کھانا پڑتا۔

پھر کسی نے میری امّی کو بتا دیا کہ اگر گھر سے نکلتے ہی میری نظر ایک کتّے پر پڑ جائے تو یقیناً میرے امتحان کے دوران میری قسمت بہت اچھی رہے گی۔

My mum made arrangements for the next-door neighbour's dog to be outside our front door each day at seven in the morning – just as I was setting off. This continued for the five days of the exam.

Every morning I was faced with this animal, which barked furiously to voice its disapproval at being tied outside our front door.

As usual with such exams, there was a six-week wait for the results. We were informed that the names of the successful candidates would be displayed outside the school gates.

لہذا میری امّی نے یہ انتظام کیا کہ صبح سات بجے جب میں گھر سے نکلوں تو ہمارے پڑوسی کا کتّا رسی سے بندھا ہوا عین ہمارے دروازے کے سامنے موجود ہو۔ یہ عمل امتحان کے پانچ دن تک جاری رہا۔

روز صبح صبح مجھے اس جانور کا سامنا کرنا پڑتا تھا جو مرضی کے خلاف بندھنے سے نفرت کا اظہار خوب زور زور سے بھونک کر کرتا تھا۔

جیساکہ اس طرح کے امتحانوں میں قاعدہ ہے ہمیں نتیجے کے لئے چھ ہفتے انتظار کرنا تھا۔ ہمیں بتایا گیا تھا کہ کامیاب امیدواروں کے نام اسکول کے پھاٹک کے باہر لکھ کر ٹانگ دیئے جائیں گے۔

Of course, nobody could relax.

The houses down our road backed on to an alley, which was known as "the lane". Most people could get into it through their back gates. About halfway down the lane there was a circle of stools around a charcoal brazier.

This was the meeting place for all the neighbours. Every day, whoever had the time would bring charcoal and light the fire in the morning or early afternoon.

This was an open invitation to all those with time to spare to come and relax and chat to each other. Cups of tea were always available.

ظاہر ہے ۔ کوئی بھی چین کی نیند نہیں سو سکتا تھا ۔

ہمارے گھروں کے پچھلی طرف ایک راستہ جاتا تھا جس کو سب نے 'گلی' کا نام دیا ہوا تھا ۔ زیادہ تر لوگ اس گلی میں اپنے پچھلے پھاٹک سے پہونچ سکتے تھے ۔ گلی میں تقریباً آدھے فاصلے پر ایک کوئلوں کی انگیٹھی تھی جس کے چاروں طرف ایک دائرے کی شکل میں اسٹول بچھے ہوئے تھے ۔

یہ تمام پڑوسیوں کے لئے ملاقات کی جگہ تھی ۔ ہر روز جس کو بھی فرصت ملتی وہ تھوڑا سا کوئلہ لاکر صبح یا سہ پہر کے وقت آگ دہکا دیتا ۔

اس کا مطلب تھا کہ ہر ایک کے لئے دعوت ہے کہ وہ آئیں اور آرام سے بیٹھیں اور ایک دوسرے سے گپ شپ کریں ۔ چائے کا دور چلتا رہتا تھا ۔

All the regular visitors – like the butcher, the milkman, the coalman and the tailor – stopped by and got the latest news.

I expect you can guess the topic of conversation at that time of year. Exams and the results. Unfortunately, nothing more interesting happened to distract people.

Every time a candidate passed by, he or she was cross-examined and their whole year's work discussed down to the minutest detail. The only exciting thing was to watch people's faces as they earnestly expressed their views.

Totally depressing, I thought. Nobody was being seriously helpful.

تمام مستقل آنے والے مثلاً قصائی ، دودھ والا ، کوئلے والا اور درزی رک کرتازہ ترین خبریں ضرور سنتے تھے۔

میرا خیال ہے آپ نے گفتگو کا موضوع تو فوراً پہچان لیا ہوگا۔ امتحان اور ان کے نتیجے ۔ بدقسمتی سے لوگوں کی توجہ اپنی طرف کرانے کے لئے اس سے زیادہ دلچسپ اور کوئی چیز تھی بھی نہیں۔

جس وقت بھی کوئی امتحان میں بیٹھنے والا طالب علم یا طالبہ نظر آتی اس کو روک کر طرح طرح کے سوال جواب کئے جاتے اور اس کے پورے سال کا کام چھوٹی سے چھوٹی تفصیل کے ساتھ زیرِ بحث لایا جاتا۔
صرف دلچسپی کی ایک ہی چیز تھی کہ جب لوگ جوش کے ساتھ اپنی رائے کا اظہار کریں تو اُن کی شکل ملاحظہ کی جائے۔

کس قدر اُداسی ہے ! میں نے سوچا۔ کوئی بھی صحیح معنوں میں مدد نہیں کر رہا ہے۔

It was the end of August. We were still on holiday.
My Mum had gone out shopping that day.
Everything was calm and peaceful in the house.

یہ اگست کا آخری ہفتہ تھا۔ ہم ابھی تک چھٹی پر تھے۔ اس دن میری امی خریداری کے
لئے باہر گئی ہوئی تھیں۔ گھر میں ہر طرف خاموشی اور سکون تھا۔

I heard our car outside. My mum was back.

She was one of the first Asian ladies to learn to drive – but that's another story!

Anyway, she did not come in, but went straight to the meeting in the lane.

میں نے باہر اپنی کار کی آواز سُنی ۔ میری امی واپس آگئی تھیں ۔

وہ ایشیائی خواتین میں سب سے پہلی تھیں جنھوں نے کار چلانا سیکھی ۔
لیکن وہ ایک اور کہانی ہے !

بہر حال ۔ وہ اندر نہیں آئیں بلکہ سیدھی گلی میں ہونے والی محفل میں پہونچ گئیں ۔

I knew she would be gone for a good few hours, so I buried myself deep in a favourite novel and settled down. I remember it was *Wuthering Heights*.

Suddenly my mum burst into the room.

"I knew it! I knew it!" she shouted.

مجھے معلوم تھا کہ وہ اب کچھ گھنٹوں تک واپس نہیں آئیں گی لہذا میں نے اپنی ایک پسندیدہ ناول اٹھائی اور آرام سے بیٹھ کر اس میں گم ہوگئی۔ مجھے اچھی طرح یاد ہے وہ کتاب وَدرِنگ ہائٹس تھی۔

دفعتاً میری امی کمرے میں آندھی طوفان کی طرح داخل ہوئیں۔

"مجھے پتہ تھا! مجھے پتہ تھا!" وہ چیخ کر بولیں۔

EMILY
BRONTË

"I knew it was a complete waste of my time and my energy. You couldn't have passed. Everybody down this unlucky road has failed. You listened to the radio all the time. Goodness knows, I tried so hard with you."

She went on and on.

Was it true? Had I really failed? I had to check for myself. After all, it was my result and I wanted to see it with my own eyes. Remember, only the names of those who had passed were given on the list of exam results.

"مجھے پتہ تھا کہ میرا وقت اور محنت دونوں ہی ضائع ہو رہے ہیں۔ تم کبھی بھی کامیاب نہیں ہو سکتی تھیں۔ اس بدبخت سڑک کے سب ہی امیدوار ناکام ہو گئے ہیں۔ تم تمام دن ریڈیو سنتی رہتی تھیں۔ خدا جانتا ہے میں نے تمہارے ساتھ کتنی محنت کی تھی۔"

وہ بولتی ہی چلی گئیں۔

کیا یہ سچ تھا؟ کیا میں واقعی فیل ہو گئی تھی؟ مجھے خود اس کی جانچ کرنی چاہیئے۔ آخر یہ نتیجہ میرا ہی تو تھا اور میں اس کو اپنی آنکھوں سے دیکھنا چاہتی تھی۔ یاد رہے کہ صرف کامیاب ہونے والے امیدواروں کے نام امتحان کے نتیجے کی فہرست میں شامل کئے جاتے تھے۔

My mum was crying in the other room. I realised it was no use trying to talk to her, so I decided to take matters into my own hands.

I unlocked the front door and rushed out of the house, shouting, ''I'm going to see for myself!''

میری امی برابر کے کمرے میں رو رہی تھیں۔ میں جانتی تھی کہ اس وقت ان سے کوئی بات بھی کرنے کا فائدہ نہیں لہذا میں نے یہ معاملہ اپنے ہاتھوں میں لینے کا فیصلہ کر لیا۔

میں نے سامنے والا دروازہ کھولا اور تیزی سے باہر بھاگی۔ اور چلا کر کہا۔ ” میں خود اپنی آنکھوں سے دیکھنے جا رہی ہوں! “

Everybody in the lane was looking really miserable. I walked past them quickly. A group of girls who had taken the exam plucked up the courage to follow me. Everybody wanted to get away from that depressing scene.

As I got nearer to the school gates my heart began to pound. I was almost blinded by my own tears, but I forced myself to look at the list.

پوری سڑک پر ہر ایک کا منہ لٹکا ہوا تھا۔ میں سب کے سامنے سے تیزی سے گزر گئی۔ کچھ لڑکیوں کا ایک گروپ جنھوں نے میرے ساتھ ہی امتحان دیا تھا ہمت کر کے ساتھ لگ گیا۔ ہر ایک چاہتا تھا کہ اس افسردہ ماحول سے چھٹکارا حاصل کرے۔

جیسے جیسے میں اسکول کے پھاٹک کے قریب آتی گئی میرا دل زور زور سے دھڑکنے لگا۔ آنسوؤں سے میری آنکھیں دھندلا رہی تھیں لیکن میں نے اپنے اوپر جبر کر کے فہرست کی طرف نظر ڈالی۔

My own name was at the very top! I couldn't believe my eyes. There it was; I put my finger on it. My friends read it too.

"It must be real," I thought.

What a relief! It seemed a tremendous achievement. In fact I was so proud of myself, I felt like a great film star in some huge box office success. My whole life opened up in front of me.

This time I walked slowly and proudly down the lane, my head held high. I stood by the brazier and boldly announced that I had passed the exam.

میرا نام تو سب سے اُوپر تھا ! مجھے اپنی آنکھوں پر یقین نہیں آیا ۔ یہ رہا میرا نام ۔ میں نے اپنی انگلی اس پر رکھ دی ۔ میری دوستوں نے بھی میرا نام پڑھا ۔

"یہ حقیقت ہی تو ہے ۔" میں نے سوچا ۔

میں نے اطمینان کی سانس لی ۔ ایسا معلوم ہوا جیسے میں نے بہت بڑا معرکہ سر کر لیا تھا ۔ حقیقت تو یہ ہے کہ غرور کے احساس سے مجھے یہ لگا کہ میں ایک مشہور فلم اسٹار ہوں جس کی فلم باکس آفس پر کامیاب ہوئی ہے ۔ میرے سامنے زندگی کے راستے کھل گئے تھے ۔

اس دفعہ میں ٹہلتی ہوئی اور فخر کے ساتھ گلی میں داخل ہوئی ۔ میرا سر بلند تھا ۔ میں انگیٹھی کے قریب کھڑی ہو گئی اور نڈر ہو کر اعلان کیا کہ میں کامیاب ہو گئی ہوں ۔

The news spread like wildfire. In no time at all it reached my mum, who was seen racing towards me with puffed and swollen eyes, but with open arms this time.

It had been a terrible mistake. In the heated atmosphere of gossip about the exam, one of our neighbours had spread the rumour that I had failed.

And my mother, fearing the worst, had readily believed her.

یہ خبر جنگل کی آگ کی طرح پھیل گئی ۔ اور فوراً ہی میری امی تک پہونچ گئی جو میری طرف تیزی سے بھاگتی نظر آئیں ۔ ان کی آنکھیں پھولی پھولی اور سوجی ہوئی تھیں لیکن اس وقت ان کے بازو کشادہ تھے ۔

دراصل یہ سب ایک زبردست غلطی کا نتیجہ تھا ۔ امتحان کے متعلق باتیں بنانے کے گرما گرم ماحول میں ایک پڑوسی نے یہ افواہ اڑا دی تھی کہ میں ناکامیاب ہوگئی ہوں ۔

اور میری امی نے ، جو بُری سے بُری خبر سننے کے ڈر میں تھیں ان کا فوراً یقین کرلیا ۔

I got a great big hug. All was forgotten and everyone joined in the celebration party that evening.

مجھے گرم جوشی سے گلے لگایا گیا۔ سب کچھ بھُلا دیا گیا اور سب نے اس شام میری
کامیابی کے جشن میں شرکت کی۔

Glossary

box office success	– a play, film, etc. which is very popular and makes a lot of money from ticket sales
brazier	– a large metal pan in which **charcoal** or other material is placed for burning (e.g. to cook food or give heat)
charcoal	– a soft, black substance, which, like coal, is a form of carbon and used for fuel
charm	– a special object, action or phrase supposed to bring good luck
commercial studies	– a group of subjects (e.g. typing and accounts) designed to prepare pupils for office work
cross-examine	– to question carefully and in great detail
distract	– to take or draw (someone's) attention away
eleven-plus	– an examination taken in England and Wales by pupils aged 10 or 11 to decide which of them should go to **grammar school.** Very few schools now participate in this examination.
grammar school	– a school for pupils aged 11-18 where mainly academic rather than practical subjects are taught
gruelling	– very tiring and difficult
milestone	– an event marking an important change (e.g. in someone's life)
rumour	– an often untrue piece of information or gossip usually passed around by word of mouth
tailor	– a person, usually a man, who makes and mends trousers, suits and other clothes